ÉTUDES DE PHILOSOPHIE NATURELLE
2me SÉRIE : N° 3

L'HISTOIRE NATURELLE

ÉCLAIRÉE

PAR LA TÉHORIE DES AXES

(Avec Planche.)

PAR

J.-ÉMILE FILACHOU

Docteur ès-Lettres.

Lumen de lumine.

MONTPELLIER
TYPOGRAPHIE ET LITHOGRAPHIE DE BOEHM ET FILS
PLACE DE L'OBSERVATOIRE.
1875

En Vente chez SEGUIN, Libraire
rue Argenterie, 25, à Montpellier

OUVRAGES DU MÊME AUTEUR

Examen de la rationalité de la Doctrine Catholique. 1 vol. in-8°. 1849.
La clef de la Philosophie, ou la vérité sur l'Être et le Devenir. 1 vol. in-8°. 1851.
Traité des Facultés. 1 vol. in-8°. 1859.
De Categoriis. Dissertatio philosophica. 1 vol. in-8°. 1859.
Principes fondamentaux de Philosophie mathématique. 1 vol. in-8°. 1860.
De la pluralité des mondes. 1 vol. in-12. 1861.
Traité des Actes, Sommaire de Métaphysique. 1 vol. in-12. 1862.

ÉTUDES DE PHILOSOPHIE NATURELLE.

N° 1. Système des trois règnes de la nature. 1 vol. in-12. 1864.
N° 2. Réponse directe à M. Renan, ou démonstration philosophique de l'incarnation. 1 vol. in-12. 1864.
N° 3. De l'expérience de Monge au double point de vue expérimental et rationnel. 1 vol. in-12. 1869 (3e édition).
N° 4. De l'ordre et du mode de décomposition de la lumière par les prismes. 1 vol. in-12. 1870.
N° 5. De l'ordre et du mode de décomposition de la lumière par les prismes ; Nouvelles preuves à l'appui. 1 vol. in-12. 1872.
N° 6. Sens et rationalité du dogme eucharistique. 1 vol. in-12. 1872.
N° 7. Démonstration psychologique et expérimentale de l'existence de Dieu. 1 vol. in-12. 1873.
N° 8. De l'ordre et du mode de décomposition de la lumière par les bords minces. 1 vol. in-12.
N° 9. Le système du monde en quatre mots. 1 vol. in-12.
N° 10. Classification raisonnée des Sciences naturelles. 1 vol. in-12.
2e SÉRIE : N° 1. La mécanique de l'esprit conforme aux principes de la classification rationnelle. 1 vol. in-12.
2e SÉRIE : N° 2. Organisation et unification des sciences naturelles. 1 vol. in-12.

Montpellier. — Typogr. BOEHM et FILS.

ÉTUDES DE PHILOSOPHIE NATURELLE
2ᵐᵉ Série : Nº 3

L'HISTOIRE NATURELLE

ÉCLAIRÉE

PAR LA THÉORIE DES AXES.

POUR PARAITRE PROCHAINEMENT :

N° 4. La Mécanique de l'Esprit par la Trigonométrie. 1 vol. in-12.

N° 5. La Classification rationnelle et le Calcul infinitésimal. 1 vol. in-12.

N° 6. La Classification rationnelle et la Phénoménologie transcendante. 1 vol. in-12.

ÉTUDES DE PHILOSOPHIE NATURELLE
2me SÉRIE : N° 3

L'HISTOIRE NATURELLE

ÉCLAIRÉE

PAR LA TÉHORIE DES AXES

(Avec Planche.)

PAR

J. ÉMILE FILACHOU

Docteur ès-Lettres.

Lumen de lumine.

MONTPELLIER
TYPOGRAPHIE ET LITHOGRAPHIE DE BOEHM ET FILS
PLACE DE L'OBSERVATOIRE.
1875

AVANT-PROPOS

Cet écrit doit être ce qu'indique son titre : ni plus, ni moins. Il ne sera point par conséquent un traité des axes, il ne sera pas davantage un traité d'histoire naturelle ; et pour lors, effleurant seulement ces sujets sans les approfondir, encore moins les épuiser, il dira seulement ce que la théorie générale des axes apporte de lumière à l'histoire naturelle, et ce qu'inversement l'histoire naturelle gagne à ce rapprochement en évidence ou rationnalité.

Nous renfermant donc ici dans la considération *générale* des axes, nous montrerons que cette notion *sommaire* suffit pour fonder une nomenclature exacte et détaillée de tous les Règnes de la Nature, pour démêler parfaitement ces Règnes les uns d'avec les autres, et pour donner enfin, de chacun même de ces Règnes, une connaissance si claire et si précise, qu'on puisse sans hésitation apercevoir le rapport de tous leurs termes avec les trois sortes de Personnalités absolues, divines, angéliques et humaines.

Cassagnoles, ce 3 septembre 1874.

L'HISTOIRE NATURELLE

ÉCLAIRÉE

PAR LA THÉORIE DES AXES.

1. Admettre tout d'abord, dans chacun des trois Règnes naturels, quatre grands embranchements, et reconnaître, aussitôt après ce premier pas, l'impossibilité d'aller plus loin, c'est, après avoir éclairé les dehors de la Nature vivante, en laisser le centre plongé dans l'obscurité la plus profonde. Tel ne peut être le résultat final de notre méthode. Il nous reste donc à la reprendre et à montrer qu'elle est encore bonne à produire, par *retournement* ou renversement, tant au dedans qu'au dehors, une vive lumière. Car la Science bien faite est comme un bel et vaste édifice, construit avec art et régularité, dont on ne saurait éclairer vivement le

centre, sans que la lumière rayonnant de ce centre ne se transmette immédiatement jusqu'aux extrémités, et n'en éclaire à la fois toutes les parties, comme s'il était transparent ou cristallin.

Cette apparente diaphanéité de la Science tient à deux conditions indispensables : l'intrinsèque *vérité* des doctrines admises et leur *enchaînement*. Il faut d'abord que les doctrines soient intrinsèquement vraies, car l'erreur n'est que ténèbres; mais cela ne suffit pas, et, comme des vérités entassées pêle-mêle ou sans ordre ne permettraient point à l'esprit de passer librement de l'une à l'autre ou de se développer spontanément, elles doivent encore exister en parfaite correspondance ou liaison réciproque, sous peine de retomber par ce seul défaut, en association, dans la même obscurité dont elles seraient par hypothèse exemptes, une à une. Mais la perfection de l'ensemble se réunit-elle à l'exacte vérité des détails : il est bien clair que le système des idées ne doit alors plus rien laisser à désirer, et que l'esprit doit pouvoir aller et venir dans le tout, comme le regard se meut naturellement dans un cristal de la plus belle eau.

Déjà, dans nos études précédentes, nous nous sommes efforcé, remontant aux principes généraux des Sciences naturelles, de n'articuler ou de n'admettre — quels qu'en fussent l'objet ou le ressort — que des doctrines vraies ou des formules incontestables ; mais, tout en cherchant à les isoler ou démembrer le moins possible, nous n'avons pu nous empêcher de traiter à part ce qui peut et doit subsister à part. Maintenant, le système étant (au point de vue des généralités au moins) complet, il nous reste à le considérer dans son ensemble, non obscurément toutefois et comme si nous n'avions plus rien à faire qu'à réviser notre œuvre, mais très-activement au contraire, en le soumettant à cette dernière épreuve, qui consiste à l'exposer au vif rayonnement d'un grand centre et foyer de lumière, pour voir si, dans son intérieur ainsi qu'à la surface, rien ne vient intempestivement arrêter le regard ou faire ombre au tableau.

Ce dernier critérium, dont nous nous proposons de faire usage, est la théorie des axes, non telle que la Science empirique nous la livre à l'état d'ébauche et de matière brute, mais telle que la Science rationnelle l'exige ou conçoit. Pour bien fixer les idées à ce sujet, nous exposerons d'abord l'imparfaite théorie régnante, puis la théorie complète que nous lui substituons.

2. On donne, en Optique mathématique, le nom d'*axes*, soit aux *lignes droites* passant par le centre des cristaux et restant constamment avec leurs faces dans les mêmes rapports, soit aux *directions* quelconques parallèles aux mêmes lignes.

Quand les axes sont censés correspondre aux lignes droites dont nous venons de parler, on les appelle axes *cristallographiques* ou *cristallins*. Quand ils sont censés correspondre à leurs seules directions en n'importe quel plan, on les appelle axes *optiques*. Entre les axes cristallins et les axes optiques, il y a donc tout à la fois identité et différence. L'idée de direction est le fonds commun aux uns et aux autres; et la détermination où l'indétermination de lieu qui s'y adjoint, en fait alors toute la différence spécifique.

3. Cette première idée des *axes* en est, pour ainsi dire, l'idée *réelle* ou physique.

A cette première idée, les physiciens en adjoignent une seconde qui en exprime le rôle extérieur, et peut être en conséquence qualifiée de *Formelle*. Observant, en effet, comment les axes se comportent à l'égard de la lumière, ils ont reconnu que, dans certains cristaux au sein desquels elle se décompose en deux Espèces lumineuses appelées, l'une *ordinaire* et l'autre *extraordinaire*, l'axe des mêmes cristaux a pour effet (au moins apparent), tantôt de repousser, tantôt d'attirer l'Espèce lumineuse dite *extraordinaire*, en affectant d'être neutre envers l'autre; et, concluant alors du fait apparent à la qualité réelle, ils ont cru pouvoir appeler *attractif* l'axe dont le rayon extraordinaire se rapproche, et *répulsif* l'axe dont le rayon extraordinaire s'éloigne.

Cette dénomination formelle des axes divisés en *attractifs* et *répulsifs* n'a pas plu cependant également à tous les physiciens, et les partisans du système des ondulations ont préféré la délaisser aux défenseurs du système de l'émission, auxquels elle convenait mieux, pour lui substituer la division en *positifs* et *négatifs*. Mais, si cette substitution de mots à mots n'exclut point toute différence de point de vue, nous pouvons affirmer sans crainte qu'elle n'implique aucune différence d'*idée*. Car, représentons dans le premier système l'axe *attractif* par + et l'axe *répulsif* par — : les deux indices de réfraction extraordinaire correspondants aux deux axes seront respectivement comme + et —, ou comme *grand* et *petit*, ainsi qu'il convient au système de l'émission attribuant la réfraction à la puissance *attractive* des milieux interposés sur le trajet des rayons. Au lieu de cela, supposons maintenant, avec les partisans du système des ondulations, que la réfraction provient de la résistance variable des milieux au mouvement de translation de la lumière : il est bien évident que, la cause changeant ou devenant inverse, l'effet devra changer de même absolument, mais non relativement. Ainsi, le rayon le plus attiré de tout à l'heure devenant actuellement le plus retardé, la supériorité qu'il était censé naguère acquérir par excédant d'attraction continue de lui convenir par accroissement de perte; et toujours les deux rayons sont respectivement constitués comme + et —, ou comme *grand* et *petit*; les noms seuls ayant dû changer pour ne pas qualifier absurdement, par l'épithète de plus ou moins *attirés*, des rayons seulement plus ou moins *retardés*.

Qu'on veuille bien imaginer ici deux hommes partant des deux points opposés de l'horizon, mais finissant par se rencontrer quelque part : ces deux hommes auront alors, évidemment et de fait, le même horizon. Ainsi, quoique employant ici deux couples de termes en apparence aussi différents l'un de l'autre que le jour et la nuit, les émissionnistes et les ondulationnistes n'ont de fait en vue que le même phénomène et n'envisagent que la même idée réelle, objective, mathématiquement exprimable, en outre, de la même manière, et nous insistons là-dessus pour bien constater que, en réalité, leur théorie n'a point la portée des relations accusée par leur différence de langage infiniment plus grave ou plus profonde qu'ils ne le pensent. Cette observation une fois faite, continuons maintenant d'en exposer la théorie.

4. Les physiciens *ondulationnistes*, seuls auteurs du développement de la théorie des axes, dont nous allons *essayer* de donner une idée facilement saisissable à tous, distinguent encore, sans en spécifier la nature (respectivement *virtuelle*, suivant nous), trois sortes d'axes particuliers, qui sont: les *axes d'élasticité*, les *axes de réfraction conique interne* et les *axes optiques* (*en réfraction conique externe*).

Comme introduction à cette partie de l'Optique, nous commencerons par faire remarquer que, lorsque dans sa translation à travers les cristaux la lumière se décompose en deux rayons ou en deux ondes spéciales, le rayon ou l'onde *ordinaire* est toujours censé se propager *circulairement* et l'*extraordinaire*, *elliptiquement*, tout à fait comme si, concevant le cristal taillé en ellipsoïde, par exemple aplati (cas du spath), on avait l'onde ordinaire en parcourant le petit axe, et l'onde

extraordinaire en parcourant le grand axe. Ce n'est
pas à dire pour cela que le cristal d'alors ne puisse,
en raison d'une incidence plus ou moins oblique,
être traversé par d'autres ondes en tout autre
plan que les deux plans principaux de tout à
l'heure ; mais, les nouveaux mouvements lumineux pouvant se projeter sur les deux plans
principaux et trouver dans cette double projection
une représentation équivalente, on conçoit que,
en général et pour la théorie, l'on s'en tienne à
la considération du mouvement ondulatoire lumineux dans ces deux plans. Cependant, en
supposant que l'ellipsoïde naguère imaginé soit
non de révolution, il y a lieu de porter le
nombre des plans principaux de deux à trois,
et c'est alors aux trois axes correspondants aux
trois courbes actuelles (dont les deux extrêmes doivent être censées cette fois elliptiques) que l'on
donne le nom *d'axes d'élasticité.* Soit, en effet,
donnée, par hypothèse, l'équation d'un ellipsoïde
non de révolution. «La discussion de l'équation de la surface d'élasticité, dit M. Daguin (IV,
543), montre qu'il existe toujours deux plans
diamétraux qui coupent cette surface suivant

une circonférence. Ces deux plans ont pour intersection l'axe d'élasticité moyen (b), et sont placés symétriquement par rapport aux deux autres axes (a, c).»

«Les ondes parallèles à ces sections circulaires ne peuvent avoir qu'une seule vitesse de propagation, puisque tous les rayons vecteurs sont égaux, et les déplacements se propagent parallèlement à leur première direction, quelle qu'elle soit. Si donc on taille dans un cristal une face parallèle à l'une de ces sections circulaires, et qu'on y introduise normalement une onde polarisée dans un plan quelconque, elle restera parallèle à la surface d'entrée, et n'éprouvera ni double réfraction, ni changement dans son plan de polarisation. Les perpendiculaires aux sections circulaires coïncident sensiblement avec les *axes optiques* des cristaux à deux axes [?]. L'axe *moyen* (b) d'élasticité est perpendiculaire au plan des axes optiques, et les deux autres axes (a, c) d'élasticité sont la ligne *moyenne* et la ligne *supplémentaire*.» Ces notions physiques et géométriques des trois axes d'élasticité resteraient incomplètes si nous n'ajoutions que,

— 17 —

aux yeux des physiciens, les *vitesses* réelles de propagation lumineuse au sein des cristaux taillés comme il a été dit, sont toujours inversement proportionnelles aux *longueurs* réelles des trois axes a, b, c.

Pour donner maintenant une idée suffisante de ce, qu'on entend par *axes de réfraction conique interne*, nous ne pouvons nous dispenser de les figurer. Considérons ici, dans le plan XZ (*fig.* 1), — en raison des deux mouvements spéciaux des deux ondes ordinaire et extraordinaire, — comme traces de sphéroïde et d'ellipsoïde, les courbes *circulaire* CC' et *elliptique* $\gamma\gamma'$. Tirant d'abord le plan $C\gamma$, tangent aux deux courbes, nous avons ce qu'on appelle un *plan tangent singulier*, dont il est aisé de retrouver l'analogue en $\gamma'C'$. Tirant ensuite la ligne OC' normale en C au plan tangent $C\gamma$, nous avons ce qu'on appelle un *axe de réfraction conique interne*; et en voici la raison. Le cône d'alors est représenté par le triangle $CO\gamma$, trace de solide conique, puisque les courbes CD et $\gamma\gamma'$ sont déjà considérées elles-mêmes comme traces d'autres solides spéciaux, l'un sphérique, l'autre ellipsoïdal. Le solide conique ainsi formé touche aux deux surfaces par un cercle pris sur le plan tangent Cγ, et d'un diamètre égal à la distance de ces deux points, comme on peut le voir représenté *fig.* 1. Mais, alors, la plus courte distance du centre de figure au cercle de contact est évidemment la normale OC. Donc, par cette propriété, cette ligne se signale déjà d'elle-même à notre attention, et mérite la dénomination d'axe de réfraction conique qu'on lui a donné, quoiqu'il soit encore possible de la mieux définir peut-être au même titre comme normale à l'une ou l'autre des deux sections circulaires (en raison de Cγ parallèle à OC'). Cependant, cette dénomination d'axe de réfraction conique ne nous a pas paru suffisante, et nous avons cru devoir ajouter : *interne* ; pourquoi cette épithète ? Imaginons ici, pour la clarté des idées, le cristal d'essai taillé suivant la direction OC', de manière que le rayon lumineux, tombant normalement sur lui, l'aborde en O, comme on peut le voir *fig.* 2. D'après ce que nous savons déjà (tout rayon lumineux ou), toute onde lumineuse, abordant le cristal parallèlement à l'une des sections circulaires, ou (ce qui revient au même) à l'un des cercles de contact, le doit traverser avec une vitesse uniforme ou sans variation. Or, dans le cas imaginé tout à l'heure, le rayon lumineux incident aborde bien, indivis, la face cristalline; mais, la pénétrant, il la trouve également perméable tout le long du cône de réfraction intérieur au cristal. Donc, il doit également se développer *en long et en large* dans toute l'étendue de ce cône, et parvenir, ainsi étalé, en $C\gamma$, pour en sortir ensuite dans une direction parallèle à sa venue.

Pour définir ou faire connaître *l'axe optique* (*en réfraction conique externe*), nous nous servirons de la *fig.* 1, où il est représenté par la ligne conique axiale *OD*. Là, cette ligne est en effet évidemment l'axe du cône déjà décrit; et, si l'on imagine alors, au point *D* pris sur sa direction et commun à la fois à la sphère *CD* et à l'ellipsoïde $\gamma\gamma'$, une infinité de rayons arrivant de tous côtés et circulairement le long de ces surfaces, on n'a pas de peine à concevoir que, s'engouffrant en quelque sorte tous à la fois dans la direction du rayon vecteur DO, commun au cercle et à l'ellipse, ils ne s'identifient en apparence dans tout son parcours, jusqu'au moment d'émerger en O, situé cette fois sur la face de sortie de la lame cristalline, hors de laquelle ils s'épanouissent en cône (*fig.* 5), pour reprendre à la sortie la même direction qu'à l'entrée. L'*axe optique* (*en réfraction conique externe*) fonctionne donc en sens inverse de l'*axe de réfraction conique interne*, et peut être défini le *rayon vecteur commun au cercle et à l'ellipse*.

5. Nous avons dit maintenant à peu près tout ce qu'on sait des axes. Il est possible que, pour le découvrir, il ait fallu beaucoup de sagacité, peut-être même du génie ; mais à coup sûr la science est encore par là bien loin du but qu'elle se propose d'atteindre. Car ces découvertes sont à peine comme l'aurore de l'intelligence des choses naturelles, ainsi que nous allons le démontrer, par l'expérience d'abord, et par la raison ensuite.

D'abord, l'insuffisance de la théorie vulgaire est nettement accusée par trois faits de premier ordre, dont elle ne peut rendre compte, ou qui lui sont même incompatibles. Ces trois faits sont les suivants :

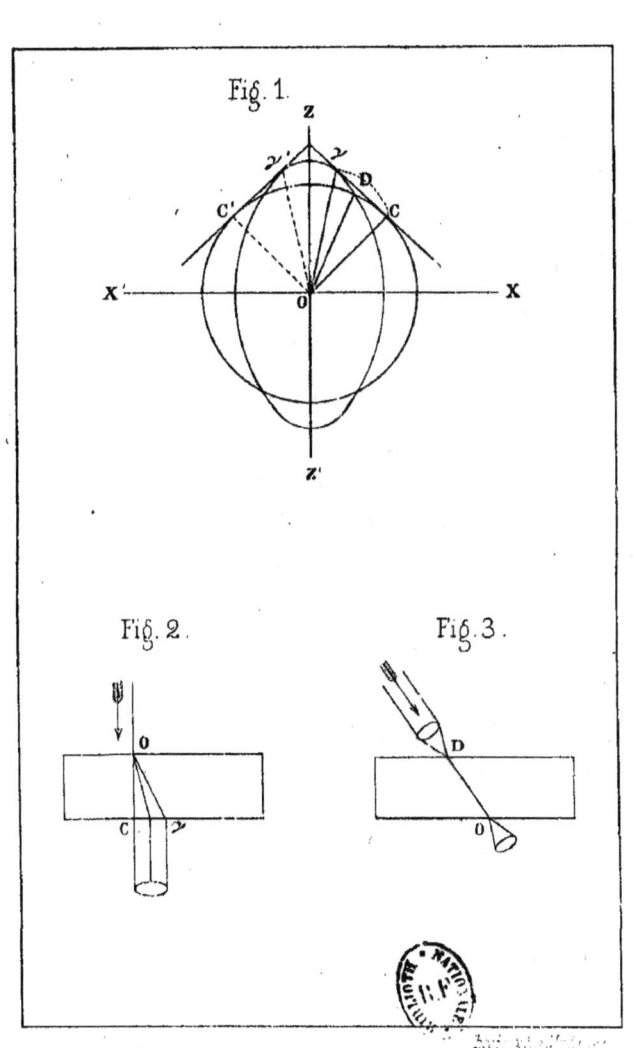

D'après cette théorie, les *axes* optiques sont de simples directions ; et ces *directions* sont, dans les cristaux *uniaxes*, traversés par la lumière en manière d'ellipsoïde *de révolution*, au nombre de *deux*, parce qu'il y a dans cette sorte de cristaux deux seules directions dans lesquelles les densités diffèrent ; c'est pourquoi l'on en vient à rapporter le principe même de la décomposition de la lumière en deux lumières polarisées spéciales, à des différences de densité. Soit!.. Passons alors des cristaux *uniaxes* aux *biaxes*. En ces derniers, il n'existe pas seulement — comme dans les précédents — *deux* directions de densités différentes, mais *trois*, ainsi que l'avouent expressément les physiciens, en admettant ici trois axes d'*élasticité*. Si, par conséquent, la distinction des deux lumières polarisées spéciales tenait réellement tout à l'heure à l'existence des deux directions de densité différente propres aux cristaux uniaxes, l'existence de trois directions de densité différente dans les biaxes devrait déterminer en ces derniers l'apparition de trois lumières polarisées spéciales. Or, cela n'arrive jamais. Donc, là, la théorie vulgaire, assez dissonante déjà pour ne pas faire concorder les *noms* des cristaux avec le *nombre* des axes[1], ajoute à ce premier inconvénient l'inconvénient bien plus grave d'être surprise, à ses débuts, en flagrant délit d'inconséquence.

D'après cette même théorie, tous les rayons lumineux entrant par hypothèse — en O (*fig.* 1) — dans le cristal biaxe capable de réfraction conique interne, ont d'abord à la fois la même vitesse de propagation en avant, et puis secondairement la même vitesse d'expansion sur les côtés ; c'est pourquoi, s'avançant et s'élargissant d'un même pas, ils peuvent et doivent contracter la forme de cône ou d'anneau brillant intérieurement vide, c'est-à-dire, sans centre lumineux distinct, ce que l'expérience confirme en certains cas. Mais, en un certain autre cas que nous avons signalé le premier dans notre écrit sur l'expérience de Monge (n° 3, 1re série), il en est tout autrement. Alors, quand, après avoir amené

---

[1] Dans le n° 10 (1re série), § 14, nous nous sommes efforcé de faire cesser cette dissonance, sans changer les termes usités.

les deux images lumineuses dans un même plan en face de soi, l'on fait tourner l'aragonite vers la droite ou la gauche, de manière à placer devant soi les deux images l'une derrière l'autre, l'image antérieure ne se déforme aucunement; mais la postérieure s'est à peine rangée derrière la précédente, qu'elle s'épanouit à part et forme une couronne brillante gazeuse à son entour. Donc, d'abord, tous les rayons aboutissant au sommet du cône sur la face d'entrée ne se meuvent point, comme on le prétend, dans le cristal, avec la même vitesse de propagation. Donc, en outre, il n'est point essentiel à tous rayons s'introduisant dans le cristal par le sommet du cône, de s'épanouir coniquement ou annulairement. Donc, enfin, et les conséquences et les prévisions de la théorie sont ici positivement ou démenties ou contredites.

Cependant, quelle que soit notre confiance en ces conclusions, nous connaissons trop la magique habileté des physiciens à manier les formules mathématiques et à forger des hypothèses, pour ne pas nous attendre à les voir proposer tôt ou tard une explication plausible de la coexistence du centre et du cône ou de l'anneau brillant de tout à l'heure. Mais voici, pour lors, un troisième et dernier fait qui défie toute leur habileté. Quand, dans l'expérience précédente, on considère l'apparition simultanée du centre blanc et de l'anneau blanc, on peut en même temps passer un écran au-devant, mais très-près de l'aragonite servant à l'observation ; et, quand on le fait avec beaucoup de lenteur et d'attention, on ne tarde point à se convaincre qu'alors l'anneau blanc est constamment voilé tout entier avant l'entière disparition du centre blanc ; c'est pourquoi la distinction et l'indépendance ou l'hétérogénéité des deux lumières *centrale* et *périphérique* sont rendues manifestes. Or, si — comme les physiciens se l'imaginent — le phénomène de polarisation conique surgissait seulement du pêle-mêle des rayons lumineux aboutissant à l'entrée du cordon ombilical, il serait évidemment impossible que l'interruption entière ou partielle du faisceau lumineux incident ne fût constamment suivie de l'obscurcissement proportionnel et simultané, tant du centre brillant que de l'anneau. Donc, une autre loi que la nécessité du déploiement en cône préside dans cette circonstance à la dispersion de la lumière; et les physiciens qui rapportent tout à cette loi ne résolvent ni ne comprennent le mystère du fait problématique soumis à leur étude.

6. A dire vrai, les physiciens se trouvent ici devant un abîme qu'ils ne soupçonnent même pas ! En effet, ou la lumière (soit par elle-même, soit comme symbole de tous les autres agents physiques constitués comme elle) est l'auteur — au moins objectif — des formes de la matière, ou bien elle en est seulement le récipient et les emprunte à la matière. Or le caractère éminemment inerte ou passif de la matière ne permet point d'attribuer à cette dernière la *première* origine des formes, ni de la vitesse du mouvement lumineux. Donc, comme paraît d'ailleurs l'admettre un Savant distingué de notre époque (M. Lamé), c'est la lumière qui se donne d'abord à elle-même et qui communique ensuite à la matière (produit de tous les agents physiques combinés) les formes ou les vitesses qu'elle en paraît emprunter plus tard, quand elle y re-

tourne, ou les reprend à son *occasion*. Mais, s'il en est ainsi, toutes les relations primitives de la lumière sont des relations intrinsèques ; et les propriétés en sont (au moins objectivement toujours, c'est-à-dire en apparence) personnelles, divines ou *naturelles*, dans toute la force du mot. Est-ce donc sous cet aspect éminemment profond ou rationnel que nous avons appris à les considérer à l'école des physiciens ? Ah ! bien s'en faut. Jamais, chez eux, la pensée ne se porte ou s'étend hors de l'objet en question. Ainsi, leur distinction de la direction : en *actuelle* dans les axes *cristallographiques*, et *habituelle* dans les axes *optiques*, vaut, mais ne vaut qu'en Optique !... De même, quand ils soulèvent la question de la réfraction *plus grande* ou *plus petite* du rayon extraordinaire et la résolvent par alternante appropriation des rôles *attractif* ou *résistant* à la matière, ils ne se donnent pas seulement le tort philosophique de confondre la cause *occasionnelle* avec la cause *efficiente*, mais ils continuent bien, en outre, à se renfermer dans un cas particulier de l'Optique, comme si jamais hors d'elle il n'était question de multiplication de centres et d'accroissement ou de retardement de vitesses ; et par suite l'observation seule est bien pour eux apte à décider le débat, mais la raison n'a jamais voix au chapitre.

Enfin, quand il s'agit des axes d'*élasticité*, des axes de *réfraction conique interne*, ainsi que des axes de *réfraction conique externe*, à quoi les physiciens rattachent-ils cette nouvelle étude, et comment coordonnent-ils ces nouvelles distinctions avec les précédentes ? Ces questions les préoccupent si peu qu'ils ne songent pas même à se donner l'air d'y répondre. A leurs yeux, il y a des axes d'élasticité, des axes de réfraction conique interne et des axes de réfraction conique externe, comme il y a des choux, des roses ou des pommiers dans un jardin ; et voilà tout. Pourquoi les vitesses d'ondulation sont-elles inverses aux longueurs réelles des axes cristallins ? Comment se fait-il que la lumière ait lieu de s'épanouir ou de se rétrécir alternativement en manière de cône, par priorité de sommet à base ou de base à sommet ? C'est être presque impertinent que d'oser leur proposer de semblables questions à résoudre, tant ils tiennent à la forme et si peu au fond ! Mais, par là-même, ils achèvent de démontrer qu'ils ne sortent jamais du cercle étroit de leurs idées, et qu'ils ressemblent ainsi parfaitement au voyageur qui compte sans son hôte et se voit souvent mis par ce dernier en demeure de compter deux fois.

7. Si la théorie vulgaire des axes est réellement — au double point de vue de l'expérience et de la raison — insuffisante, comme il vient d'être dit, il nous reste à la reprendre et perfectionner, en la corrigeant ou complétant ou généralisant du mieux possible. Mais cette tâche ne sera-t-elle pas au-dessus de nos forces ? Nous n'avons pas la moindre inquiétude à cet égard. Un tel problème peut être censé résolu pour celui qui le pose ; car, bien poser une question, c'est la résoudre. L'Esprit immatériel n'est point comme le Sens matériel. Ce dernier peut éprouver des besoins et n'avoir pas de quoi les satisfaire ; l'Esprit, au contraire, qui peut souffrir, peut également — sauf déchéance d'activité —

trouver immédiatement en lui-même le remède à son mal. Du reste, comme la meilleure preuve de la possibilité du mouvement est de marcher, une excellente preuve de la possibilité de résoudre la question présente sera de la résoudre; et c'est ce que nous allons faire.

Il y a déjà longtemps que, dans nos *Aperçus fondamentaux de philosophie mathématique*, nous avons réduit toutes les notions fondamentales philosophiques et mathématiques aux six suivantes ainsi rangées :

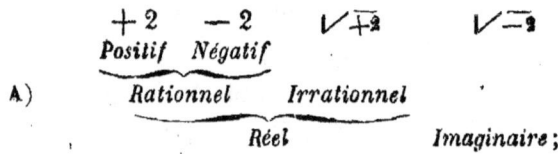

ce qui nous donne en tout trois relations, et trois relations seulement, à savoir : les relations

B) $\begin{cases} Réel \\ Imaginaire \end{cases}$, $\begin{cases} Rationnel \\ Irrationnel \end{cases}$, $\begin{cases} Positif \\ Négatif \end{cases}$.

Mais on nous permettra d'ajouter immédiatement que la place de la seconde et de la troisième relation n'est pas fixe, car ces deux dernières peuvent et doivent même permuter de rang entre elles, suivant que, s'éloignant de la première, on part ou du *Réel*, ou de l'*Imaginaire*, qui sont bien, eux ! des termes extrêmes, comme on peut le voir [1] sur le premier tableau A. Ainsi, partant du Réel, on a plus tôt à mentionner, comme plus réel, le positif que le rationnel; et, partant de l'Imaginaire, on a plus tôt à mentionner, comme plus imaginaire, l'irrationnel que le négatif. Ne tenant donc point l'ordre des deux dernières relations pour invariable et définitif, nous pouvons cependant les admettre à titre provisoire dans l'ordre indiqué, sauf à le renverser plus tard.

Maintenant, l'incertitude du rang de la seconde et de la troisième relation provenant de la possibilité de débuter indifféremment par le *Réel* ou l'*Imaginaire* regardés comme les deux notions les plus générales à tous égards, il y a lieu de se demander aussitôt si cette indifférence de début

---

[1] L'aspect du tableau pourrait induire en erreur, si l'on n'avait le soin de remarquer que la distance intelligible entre *positif* et *négatif* est insignifiante, celle entre *rationnel* et *irrationnel* très-grande, et celle entre *réel* et *imaginaire* infinie.

par l'un ou l'autre bout du tableau des idées est entière. Mais, là-dessus, nous ne saurions hésiter longtemps ; et nous comprenons sans peine, après un moment de réflexion, que, sans exclure absolument le début de *retour* par la fin, le vrai début d'*initiative* est par le commencement, c'est-à-dire, non par l'*Imaginaire*, qui est au Réel comme la négation est à l'affirmation, mais par le *Réel*, dont le seul enlèvement absolu constitue l'Imaginaire. Dans tous les cas, il est incontestable que la première des trois relations est inconditionnellement la relation du *Réel* et de l'*Imaginaire*. Ce sera donc par cette relation que nous commencerons ici notre revue de la théorie vulgaire des axes.

8. La relation du Réel et de l'Imaginaire est celle qui correspond à la distinction des axes en *cristallographiques* et en *optiques*, dont nous avons hérité des physiciens, et qui, s'identifiant alors (suivant nos idées) à cette dernière pour la transformer, la rend par là-même, de particulière universelle, d'incomplète complète, et d'empirique rationnelle. Pour montrer qu'il en est ainsi,

nous ferons remarquer que tous termes d'une relation rationnelle s'excluent et s'impliquent tout à la fois ; ils s'excluent comme opposés par leur différence spécifique ; ils s'impliquent comme identiques par leur fond ou genre commun. Mais, dans le même mode de relation rationnelle, rien ne requiert que les deux termes corrélatifs soient toujours égaux en un moment donné, pourvu qu'ils le soient ou doivent l'être dans l'ensemble ou la suite du temps ; et pour lors ils peuvent bien être entre eux comme 1^2 et 1^1 dans un premier moment, à la condition de devenir respectivement 1^1 et 1^2 dans le second. Cela posé, reprenons les deux concepts corrélatifs de Réel et d'*Imaginaire*. D'après ce que nous avons déjà dit de l'incontestable priorité du Réel sur l'Imaginaire, ce sera d'abord le Réel que nous devrons poser égal à 1^2 vis-à-vis de l'Imaginaire d'alors, égal à 1^1, et, la compensation s'effectuant seulement plus tard pour ce dernier, nous devrons attendre l'avènement d'un second instant pour pouvoir poser inversement le Réel égal à 1^1 en face de l'Imaginaire égal à 1^2. Or, que pouvons-nous vouloir dire ou faire entendre par là ?

Le Réel et l'Imaginaire s'impliquant toujours, ils n'existent jamais l'un sans l'autre, alors même qu'ils s'excluent. Donc il y a ici deux parts à faire ; et tandis que, par exemple, un Réel réel a devant lui l'Imaginaire imaginaire, il est concurremment un Réel imaginaire devant un Imaginaire réel ; ou bien encore, en même temps que nous avons deux doubles positions objectives comme $1^2 > 1^1$, $1^1 < 1^2$, nous avons encore deux positions subjectives doubles comme $\left\{ \begin{array}{c} 1^2 \\ 1^1 \end{array} \right\} \left\{ \begin{array}{c} 1^1 \\ 1^2 \end{array} \right.$

Par exemple et pour application, soit donné un axe *cristallographique* quelconque, tel que l'axe d'un spath d'Islande. Cet axe est alors *unique* et *réel* dans le cristal où nous le considérons ; mais que fait-il là ? Rien du tout, car il est seulement fait ; il est une direction déterminée, n'en faisant aucune autre ou toute passive ; il est un objet de représentation actuelle, un pur et simple objectif. Or un objectif sans subjectif est *Imaginaire*. Donc l'axe *cristallographique* est surtout *Imaginaire*, parce que le côté *Réel* en est le seul mode d'être *passif*, ou l'être pur, l'être physique. Au contraire, l'axe *optique* n'a point précisément de situation déterminée dans le cristal pris pour exemple, mais il y est toujours censé très positivement *actif*, puisqu'il y réalise par hypothèse toutes les modifications possibles de la lumière, n'importe en quel azimut la lumière l'aborde. Comme n'ayant point de siège exclusif, arrêté, l'axe *optique* est donc jusqu'à un certain point *imaginaire*; mais, comme essentiellement actif et énergique, ce même axe est et se démontre éminemment *réel*. Donc, en dernière analyse, les deux axes *optique* et *cristallographique* possèdent, chacun, les deux notes d'*imaginaire* et de *réel*; mais, dans l'axe *optique*, la note de réel prévaut sur celle d'imaginaire, et, dans l'axe *cristallographique*, la note d'imaginaire prévaut sur celle de réel, ce qui nous permet de dire qu'ils sont entre eux (dans l'ordre des activités ou des puissances, non celui des actes):

l'axe *optique*, comme........ $\begin{cases} 1^2 \\ 1^1 \end{cases}$,

l'axe *cristallographique*, comme $\begin{cases} 1^1 \\ 1^2 \end{cases}$.

Tels sont, d'ailleurs, généralement entre eux,

tous termes constitués sur le même type, comme *virtuel* et *physique*, *esprit* et *corps*, *féminin* et *masculin*, etc.

Donc, en s'adaptant à la distinction des axes en *optiques* et *cristallographiques*, la relation de $\begin{cases} réel \\ imaginaire \end{cases}$ que nous y rattachons, la transforme réellement par manière d'assimilation, et, de simple distinction empirique, incomplète et particulière, en fait une distinction universelle, complète et rationnelle.

9. Les physiciens, établissant la relation entre les axes *cristallins* et les axes *optiques* sans la traduire en celle de $\begin{cases} réel \\ imaginaire \end{cases}$ n'ont pas su la généraliser et sont ainsi restés dans le particulier. Dans ce que nous allons dire, nous les verrons pécher justement en sens contraire.

Pour nous, partant du Réel, la seconde relation à considérer doit être, d'après ce que nous avons déjà dit (§ 7), celle de $\begin{cases} positif \\ négatif \end{cases}$. Suivant les physiciens émissionnistes, elle serait plutôt la relation de $\begin{cases} attractif \\ répulsif \end{cases}$; mais les ondulationnistes, qui ne croient pas devoir les imiter, préfèrent revenir à celle de $\begin{cases} positif \\ négatif \end{cases}$. Eh bien! voici quelle est là-dessus notre pensée, que nous justifierons ensuite. Les émissionnistes désignent bien le phénomène apparent, mais sont pourtant dans le faux; les ondulationnistes ne désignent avec précision ni le phénomène apparent, ni le réel, et restent ainsi dans le vague ou les généralités ; et le seul moyen de sortir alors tout à la fois du vague et du faux, est de substituer aux deux relations précédentes, comme mieux déterminée, celle de $\begin{cases} sécréteur \\ excréteur \end{cases}$, qui réunit le double avantage d'être éminemment particulière et générale à la fois.

D'abord, n'est-il pas vrai que, dans les cristaux d'une certaine espèce, tels que le spath, le rayon extraordinaire s'éloigne plus de la normale au point d'incidence que l'ordinaire, et que, dans les cristaux d'une autre espèce, tels que le quartz, il s'en rapproche au contraire davantage ? Mais, s'il en est ainsi, l'on ne saurait nier que l'axe n'ait au moins l'air de repousser le rayon extraordinaire dans les cristaux de la première espèce, et l'air de le retenir dans ceux de la seconde. Donc les mots $\begin{cases} attractif \\ répulsif \end{cases}$ expriment alors très-bien le phénomène apparent. D'un autre côté, l'on sait bien maintenant, depuis les belles expériences de L. Foucault surtout, que la matière n'exerce aucune attraction augmentative de vitesse sur les rayons lumineux. Donc ces mots portent à faux et doivent être rejetés.

Substituerons-nous alors à ces premiers termes de relation ceux de $\begin{cases} positif \\ négatif \end{cases}$ proposés en leur place ? Mais, avant de le faire, il convient d'examiner s'ils sont eux-mêmes meilleurs ou plus exacts. Pour en justifier l'emploi, les Ondulationnistes se fondent sur ce que la matière retarde *en général* la marche des rayons lumineux, proportionnellement à sa densité ; sous ce rapport, tous les corps seraient pour eux négatifs. Mais, l'expérience attestant que la marche du rayon extraordinaire est *moins* retardée dans les cristaux de l'espèce du spath que dans ceux de l'espèce du quartz, ils en concluent alors que les cristaux de ces deux espèces sont entre eux, respectivement, comme *négatif* et *positif*. Est-ce donc que, employés de la sorte à signifier *plus grand* ou *plus petit* retardement, les termes $\begin{cases} positif \\ négatif \end{cases}$ sont des termes propres ou naturels ? Nous ne le pensons pas ; car, dans les idées de retards plus grands ou plus petits, nous ne découvrons rien qui, de près ou de loin, rappelle les idées de *poser* ou de *nier*. Soit un retard égal à — 1 ; soit un autre retard égal à — 2 : est-ce qu'on pourrait en aucun cas s'autoriser, de cette différence simplement numérique, pour qualifier ces deux termes de *positif* ou de *négatif* l'un pour l'autre ? Mais certainement non, puisque la négation est toujours prise dans le même sens. Donc, en voulant généraliser leurs idées, les Ondulationnistes ont précisément perdu de vue le phénomène à désigner ; d'une simple gradation, ils ont fait une opposition, et, si leurs termes ne sont point absolument faux, ils manquent au moins d'exactitude.

Remarquons, actuellement, que ce n'est point la *matière en général* qui retarde plus ou moins la marche des rayons lumineux ; c'est seulement la *matière suivant l'axe*. Bien plus, si nous tenons compte des observations du § 6, la matière n'est là, comme partout, qu'une cause *occasionnelle* de retard; l'axe est la vraie cause (au moins *apparente*) de la différence de marche du rayon extraordinaire dans les diverses espèces de cristaux[1] ; et tel en est même alors le rôle respectif, que, au moment de l'introduction du faisceau lumineux dans le sein de ces différents corps, il l'infléchit et le fait tourner, décomposé, de manière que, la portion dite ordinaire suivant son cours régulier, la portion dite extraordinaire et séparée de la précédente,

---

[1] Une preuve expérimentale (ce nous semble) évidente du rôle tout passif de la matière sous l'influence de la *forme* est l'attaque inégale des mêmes cristaux par les mêmes réactifs, suivant les faces et les directions. Si le mode de construction cristalline modifie l'action chimique, comment ne modifierait-il pas de même l'action *physique?* Il est faux, d'ailleurs, que la réfraction soit toujours proportionnelle aux *densités* ; donc elle dépend d'une autre cause, adjointe, mais non identique à la matière.

tantôt se projette en avant, comme pour fonctionner à part avec plus d'indépendance, et tantôt se rejette en arrière, comme pour rester dans son giron, ou vivre sous ses ailes. Or, *agir* ainsi de manière à paraître tantôt *se vider*, tantôt *se remplir*, c'est — pour employer les termes propres — *excréter*, *sécréter*. Donc les mots corrélatifs : { *sécréteur* / *excréteur* } sont ceux qui rendent avec le plus de précision et de généralité tout à la fois, la vraie physionomie des axes en cours de fonctionnement relatif au dehors.

Il peut être utile de remarquer dès ce moment que, la direction axiale dans laquelle arrive le double phénomène inverse de *sécrétion* et d'*excrétion* pouvant être censée réduite en parties de plus en plus ténues et même en parties diversement orientées, rien n'empêche de la concevoir devenant, de rectiligne, curviligne dans l'espace, et donnant par là-même naissance — au moyen de pareils centres *excréteurs* et *sécréteurs* convenablement multipliés — à toute sorte de formes globuleuses jouant les mêmes rôles; mais, comme ici nous avons moins à nous occuper des applications que des principes, nous ne nous arrêterons pas sur ces détails, et, revenant à la question principale, nous constaterons que, dans la relation nouvelle exprimée par les termes $\begin{cases} sécréteur \\ excréteur \end{cases}$, il s'agit bien d'une action *réelle* ou positive en elle-même, que cette action est *rotatoire*, qu'elle est *double*.., et qu'enfin elle est décidément toute *axiale* et non matérielle. Cette relation réunissant alors en elle-même toutes les conditions d'intégralité, d'exactitude et de précision vainement demandées aux autres relations communément admises en son lieu, nous conclurons de là qu'elle est la seule bonne et rationnelle.

10. Les première et seconde relations de notre théorie rationnelle ayant été suffisamment éclaircies dans ce qui précède, essayons maintenant d'en éclaircir de la même manière la troisième.

Cette troisième relation embrasse, dans la théorie vulgaire, trois sortes d'axes, appelés axes d'*élasticité*, — de *réfraction conique interne*,

— de *réfraction conique externe*, dont les caractères sont assez visiblement disparates, mais non pourtant irréductibles. En effet, les axes d'*élasticité* que nous savons exister au nombre de trois (a, b, c) et différer l'un de l'autre par des degrés de force ou d'activité, sont assimilables aux trois axes d'un ellipsoïde *non de révolution*. En eux, nous avons donc déjà la raison de l'inflexion ou de la courbure superficielle des directions axiales, dont, à la fin du paragraphe précédent, nous commencions à mentionner la possibilité ; car, sans s'infléchir ou se courber en elles-mêmes, des directions peuvent avoir l'air de le faire deux à deux, quand, réunies et variables, elles engendrent une résultante curviligne. Mais, indépendamment de cette première possibilité, les mêmes directions axiales sont spécialement capables de paraître (par manière de résultante toujours) *rectilignes* dans un certain sens et *circulaires* dans un certain plan, à la manière, par exemple, des *génératrices* et de la *directrice* d'un cône. Ainsi, nous retrouvons encore en elles l'idée d'apparition conique. Enfin, il est aisé de concevoir que, en elles considérées comme actives, l'action soit, tantôt objectivement une ou simple et subjectivement extensive, c'est-à-dire *centrale*, à la manière d'un *sommet* de cône ; tantôt objectivement multiple ou complexe et subjectivement élémentaire, c'est-à-dire *périphérique*, à la manière d'une *base* de cône. Donc, actives, elles sont à la fois, mais à la condition d'alterner, *sommet* ou *base*, et par conséquent nous retrouvons encore en elles, sans y rien ajouter, la raison de l'apparition des axes, tous *formels* et opposés, de *réfraction conique interne* et de *réfraction conique externe*.

Comme, pour n'avoir pas de siège fixe, les *axes optiques* ont dû déjà (§ 8) être déclarés *virtuels*, tous les axes dits d'*élasticité*, de *réfraction conique interne*, de *réfraction conique externe*, qui n'ont pas davantage de place fixe, doivent, par la même raison, être reconnus *virtuels* encore. Mais, dans leur groupe, les axes d'élasticité sont les seuls à retenir ce caractère exclusif, en tant qu'ils n'en contractent pas d'autre. Les axes de *réfraction conique interne* et les axes de *réfraction conique externe*, qui surchargent ce premier caractère d'une forme conique, tour à tour rejetée (pour différenciation respective) vers le dehors ou le dedans (*fig.* 2 et 3), méritent au contraire, quoique foncièrement virtuels toujours, d'être réputés *formels*. Ainsi, la troisième relation n'est point, en définitive, moins clairement définie que les deux autres. Tenant plus en principe (par défaut de position fixe objective) de l'imaginaire que du réel, elle consiste principalement en *irrationnel* ou *virtuel*, mais sans s'y renfermer ; et pour lors, elle passe encore en opposition avec elle-même sous la forme de *rationnel*, d'où résulte finalement la seconde relation de notre tableau B du § 7 $\begin{cases} rationnel, \\ irrationnel. \end{cases}$

11. La lumière que nous croyons maintenant avoir portée sur la théorie des axes, nous allons tâcher de la reporter sur les trois Règnes de la Nature, ou plutôt — si l'on excepte de cette application le Règne cristallin, déjà présupposé connu — sur les deux Règnes végétal et animal qui en dérivent.

Nous entrerons en matière à cet égard par la

réflexion suivante. En admettant qu'une ligne soit une suite de points contigus, et, par la même raison, qu'un plan soit une suite de lignes contiguës encore, et un solide une suite de plans toujours contigus, la Matière est évidemment elle-même un ensemble de molécules rangées en fibres, de fibres rangées en tissus, et de tissus rangés en masses plus ou moins volumineuses. Mais, là, trois axes sont toujours censés présider à cette formation de composés linéaires, plans ou solides ; et pour lors, ou la matière se fixe invariablement dans leurs directions indéfinies, ou bien elle y subit des influences ou présente des courbures quelconques.

Dans les deux cas, puisqu'elle est inerte par elle-même (§ 6), elle accuse le concours de deux forces bien distinctes ou même contraires, et l'une *intellectuelle*, l'autre *spirituelle*, dont nous appellerons la première (toujours constante au moins en sa première direction) *force d'assimilation*, et la seconde (peut-être encore constante en elle-même mais toujours variable au moins en ses effets sensibles extérieurs) *force de variation*. Quand, sous l'influence de la première force, la matière s'allonge, s'étend et s'épaissit dans le sens des directions axiales données, les axes respectifs prennent le nom d'*axes d'accroissement*; et quand, sous l'influence de la seconde force, la matière s'infléchit, se courbe ou circule, les mêmes axes prennent le nom d'*axes de révolution*.

Les axes d'accroissement se révèlent par la formation de produits allongés en fibres, quand, prenant son point de départ en une molécule quelconque faisant fonction de collet, la force d'assimilation y colle réellement, en deux sens opposés, molécule à molécule, par manière de pénétration initiale ou de cohésion ou d'adhésion. Les axes de révolution ne sont point essentiellement distincts des précédents, mais peuvent très-bien au contraire s'y réduire, à la condition de s'en tenir à leurs directions, non à leurs plans, parce que cette fois la force de variation en exercice, au lieu de se dérouler le long des directions données, s'exerce circulairement à son entour, en s'attaquant aux molécules matérielles et les unissant ou désunissant incessamment, de manière à déterminer un tourbillonnement transversal dans lequel, si les unes apparaissent pendant plus ou moins longtemps confondues au centre, les autres montent et descendent tour à tour, et d'autres encore circulent sans fin. Du reste, les modes généraux d'activité des deux forces *assimilatrice* et *révolutive* sont, eux-mêmes, aisément discernables. Ainsi, l'on entrevoit sans peine que la force d'assimilation doit s'exercer par manière d'instinct essentiellement *conservateur*, d'où elle retire son caractère d'uniformité persévérante ; et que, de son côté, la force de variation doit agir sous la forme d'instinct essentiellement *rénovateur* par dégoût incessant des faits accomplis et désir insatiable de nouveaux, d'où vient à tous les êtres le penchant irrésistible au changement. La trempe et le jeu de ces divers instincts cessent d'être un mystère au point de vue de la théorie des *axes*, au moment où, considérant la double possibilité de prendre ces derniers *en long* et *en travers*, on les regarde comme le siége, dans le premier cas, d'un double courant rectiligne *ascendant* ou *descendant*, et, dans le second cas, d'un double courant circulaire *excréteur* et *sécréteur* décroissant généralement en amplitude ou puissance de l'équateur aux pôles.

12. Par eux-mêmes, l'Intellect et l'Esprit ne sauraient exercer aucune action *immédiate* sur le monde physique extérieur; car le monde spécial ou primitif de l'Intellect est le monde des idées abstraites, imaginaires, et le monde spécial ou primitif de l'Esprit est le monde de l'éternelle variation ou des principes absolus. Mais, à défaut de prise immédiate, la ressource de l'intervention *médiate* leur reste; et, ce qui la leur permet ou procure, ce sont la complaisance et la divisibilité du Sens personnel et radical, dont l'humeur accommodante leur facilite l'accès par le démêlement facultatif de chacune de ses deux faces implicites plus favorables à l'union. Ces deux faces du Sens séparément unissables à l'Intellect et à l'Esprit, sont la face *interne* et la face *externe*. D'abord, l'Intellect peut entrer en relation immédiate avec le Sens personnel ou radical par la face *interne* de ce dernier, parce qu'elle est prompte à s'en approprier l'immanence ou la stabilité naturelles; car

cette face interne du Sens n'est pas autre chose que ce qu'on a coutume d'appeler *Sens vital*. Puis, l'Esprit peut de même entrer en relation immédiate avec le Sens personnel ou radical par sa seconde face respectivement externe; car, par cette seconde face, le Sens est — sans pour cela se dénaturer — objectivement changeant et subjectivement *réactif*, comme l'Esprit. Nous pouvons retrouver en nous-mêmes une image de ces deux sortes d'associations ou d'ensembles mi-partis : d'Intellect et de Sens, dans l'union de l'*âme* et du *corps*; — de Sens et d'Esprit, dans l'union du *corps* et de la *vie*. C'est encore ainsi, pour employer une autre comparaison assez juste en sa grossière matérialité, que la mer est tout entière dans son lit sans en pouvoir sortir, d'une part, et que d'autre part, malgré cet emprisonnement persévérant, elle s'y peut bouleverser de fond en comble sous le régime variable des vents. Le Sens *vital*, uni à l'Intellect, est immanent et continu ou peut l'être; et le Sens *réactif*, uni à l'Esprit, est variable et tempétueux ou peut le devenir. Informe en lui-même, tout d'abord, le Sens absolu n'est (formellement) rien jusqu'à cette information qui lui vient du dehors par les deux autres puissances ; mais l'Intellect et l'Esprit l'informent, chacun à sa manière, et notamment l'Intellect lui prête alors son immanence radicale, l'Esprit lui prête sa variation incessante; et par suite le Sens soumis à ces régimes divers apprend, de l'un, à croître continûment, de l'autre, à varier sans fin.

Mais, point d'information du Sens par l'Intellect ou l'Esprit sans *appareils* spéciaux visibles ou invisibles, réels ou imaginaires; et par là commencent à se différencier, dans les hautes régions de l'idée, les trois règnes de la Nature. D'abord, le monde spécial de l'Intellect est un monde typique et permanent où sont contenues en réserve toutes les formes possibles à l'état d'imaginarités; c'est ce que nous avons appelé jusqu'à cette heure *directions* absolues, indéterminées, infinies, abstraites, en un mot : *axes optiques*. Mais, ou le Sens se prête à rendre ces mêmes idées ou directions, ou il ne s'y prête pas. Ne s'y prête-t-il pas : ces formes ou directions restent à l'état de projet ou de tendance,

et nous ne sortons pas du monde intellectuel.
S'y prête-t-il, au contraire : ces formes ou directions deviennent des réalités, des actualités physiques, et tels sont nommément les *cristaux*, surtout leurs *types* élémentaires. Ces corps réguliers ou symétriques, une fois réalisés, ne sont plus des *formes* abstraites ni des *forces* flottantes au gré de l'imagination ou de la fantaisie, mais des réalités objectives, données, sensibles, en un mot : *concrètes*. D'où sortent alors, toutefois, ces concrétions ? d'appareils concrets également ? — Évidemment non. Ils sortent donc de l'utopie. Le Règne *cristallin* est bien construit, mais il est construit de rien ou d'*imaginaires*, et sans aucun des appareils de la vie *organique* ou de la vie de *relation* propres aux Règnes *végétal* ou *animal*. Nous ne saurions désormais dire la même chose de ces derniers, car le Règne *cristallin*, une fois créé, nous fournit un précédent réel et visible d'où peuvent naturellement surgir les deux Règnes végétal et animal. Cependant, comme ce précédent réel et visible est encore unique dans son genre, ces Règnes ultérieurs n'en sortent point

encore physiquement, mais artificiellement ; ou bien, à leurs débuts, l'art a besoin de concourir avec la nature physique, pour s'en inspirer d'abord, et la rendre féconde ensuite. Ainsi, dans les *premiers* appareils de tout genre que nous aurons à mentionner, nous devrons voir l'art divin, non-seulement secondant la nature, mais encore la menant plus loin et plus haut en la perfectionnant, et par conséquent les seuls appareils *dérivés* des précédents seront ceux où la nature, impliquant l'art sans le connaître, nous donnera des produits résultants plus ou moins réguliers ou difformes.

13. La Vie *organique*, considérée dans le Règne végétal, qu'elle caractérise plus particulièrement, peut être définie : *Ce qui, dans l'ensemble ou la suite des phénomènes vitaux, opère ou s'opère avec immanence dans l'espace et continuité dans le temps.* De son côté, la Vie de *relation*, considérée dans le Règne animal, qui la possède exclusivement, peut être définie, d'une manière analogue : *Ce qui, dans l'ensemble ou la suite des phénomènes vitaux, opère ou s'opère*

avec déplacement dans l'espace et discontinuité dans le temps. Nous arrêtant sur le caractère le plus saillant de ces deux définitions, nous pouvons regarder la note de *continuité* comme l'indice le plus saillant de la première vie, et la note de *discontinuité* comme l'indice distinctif de la seconde. Y a-t-il pour lors, littéralement, *ensemble* ou *suite* quelque part : là, l'Intellect constitue le Sens ou l'organise. Y a-t-il, au contraire, interruption et vacillation : là, l'Esprit intervient au milieu des deux exercices combinés du Sens et de l'Intellect, et, se mêlant à leurs jeux, il en entrecoupe incessamment le cours, en en rejetant alternativement la résultante vers la droite ou la gauche, et en arrière ou en avant. Mais encore tout cela peut bien se faire simultanément, si les objets d'application sont multiples. Nous devons seulement remarquer que, alors, ou la *continuité* tient ouvertement le dessus, ou bien au contraire l'oscillation prévaut. Si la continuité domine l'oscillation et se l'asservit, le Règne est ou reste *organique* et *végétal*. Si l'oscillation prévaut sur la continuité qu'elle éclipse, le Règne devient hautement relatif ou animal. Ainsi l'idée des deux Règnes animal et végétal est maintenant complète.

Cependant, parce que cette première notion des deux Règnes animal et végétal est générale, elle ne suffit point et doit être mieux déterminée; nous nous acquitterons de cette tâche en en spécifiant les *appareils* respectifs.

Les appareils sont une chose ayant évidemment trait aux *fonctions*, mais encore plus, peut-être, aux *moyens* et aux *fins*. Les fins, surtout, sont ici décisives ; car les moyens se règlent sur elles; et les fonctions résultent ensuite de la combinaison des fins et des moyens. Or la fin de la *force d'assimilation* est l'allongement ou l'*accroissement* ; et deux moyens sont naturellement requis à cet effet, savoir: la *nutrition* et la *reproduction*. La fin de la force de variation est l'*oscillation* ; et deux moyens doivent encore concourir à cet effet, savoir : la *mobilité* et la *spontanéité*. C'est donc sur ce double système de données ou de bases que doivent être construits les appareils des deux vies *organique* et *relative*.

Occupons-nous d'abord des appareils de la vie *organique*. L'accroissement étant le but de cette vie, la Nature y pourvoit, en chaque *individualité*, par la nutrition, et, dans l'*espèce* ou le *genre*, par la reproduction. Mais, pour se nourrir, que faut-il ? *Prendre, élaborer, ordonner*. Et, pour accomplir ces actes, que faut-il encore ? Quelque chose de déterminé, comme : *stomate*, bouche ou suçoir ; *officine*, laboratoire, estomac ; *tube*, vaisseau, conduit alimentaire. Donc les appareils de la Vie organique *nutritive* sont des appareils *prenants, sélectifs, ordonnateurs*. Pour se reproduire, que faut-il ensuite ? Recueillir des éléments ou de la matière séminale, déposer ce recueil dans un terrain propice, offrir dans ce terrain propice toutes les conditions d'alibilité nécessaires ou désirables, c'est-à-dire, un ensemble d'appareils *collecteurs, transmetteurs, éducateurs*, tels qu'ils existent dans les deux sexualités masculine et féminine et dans le rapport des deux. Donc trois appareils résument toutes les conditions fondamentales de la *reproduction*, comme de la *nutrition* ; et, sous ce rapport, la théorie ne comporte pas plus d'hésitation que de lacunes.

La ressemblance des cas nous permet de prévoir pour la vie de *relation* des divisions analogues. Ayant pour fin l'oscillation, la force de variation doit d'abord mobiliser, puis déterminer automatiquement, comme il a été dit plus haut. Or la mobilisation exige d'abord des appareils de déplacement en rapport avec l'état du monde extérieur ou la nature des milieux ; et, les milieux étant exclusivement fluides, liquides ou solides, les appareils corrélatifs sont naturellement des appareils de vol, de nage ou de marche, c'est-à-dire, des ailes, des nageoires ou des pieds. Le mouvement automatique demande ensuite des moyens physiques dont le point d'appui, sans rompre tout à fait avec le dehors, subsiste au dedans du sujet actif, et tels qu'ils réalisent nommément la *fidèle aperception* du dehors, la *réponse directe* aux provocations du dehors par des élans de réaction interne, la *transmission* de ces nouveaux mouvements d'origine subjective du dedans au dehors. De tels appareils sont notoirement des appareils *sensoriels, réflecteurs, rotateurs*. Les appareils d'automatie sont donc, comme ceux de locomotion, au nombre de trois ; et, moyennant ce double nombre, l'organisation de la vie de relation est elle-même complète.

14. Maintenant, avant d'aller plus loin, nous devons ici placer une observation importante. Tous fondements de division quelconque, comme celle de *grandeur* et de *figure*, de *qualité* et de *quantité*, — de *position*, de *qualité* et de *puissance*, etc., se rattachent à des questions de nombre ; seulement, le nombre est là, censé déterminé ou indéterminé. S'il est déterminé, ce sont les questions de *position*, de *qualité*, de *puissance*, qui se dressent dans un certain ordre et deviennent en temps opportun dominantes. S'il est indéterminé, les questions de *quantité*, de *grandeur*, surgissent à leur tour, mais en restant toujours plus ou moins, cette fois, dans le vague, parce qu'elles se compliquent ou s'accompagnent régulièrement des notions de contingence et de liberté qui ne permettent jamais, *à priori*, de rien préjuger ou définir avec certitude. Pour sortir alors de l'indétermination sur cette question de nombre, il n'y a que deux moyens consistant à se placer dans les systèmes ou *ternaire* ou *binaire*. Mais, de ces deux systèmes, le ternaire prévaut, car il est le premier en date et le plus

grand en nombre. Evidemment, trois est plus grand que deux ; et, dans l'ordre des puissances, la personnalité triple a le pas sur la sexualité double. Aussi le système *ternaire* est-il le système *divin* ou céleste, quand le système *binaire* est seulement le système *angélique* ou mondain. Il est à peine besoin, après cela, de faire observer que le système *unitaire* humain, faisant suite aux deux précédents, retombe de lui-même dans l'indétermination de nombre que nous signalions tout à l'heure. Or, à les bien considérer, les deux systèmes *ternaire* et *binaire* n'existent pas seulement hiérarchiquement ordonnés en l'ange ; ils y subsistent encore, au moins partiellement, entremêlés et comme redoublés, de manière à former des groupes apparents. Les positions du système ternaire étant d'abord des positions *personnelles* bien définies de grandeur et de position, on a par là même en elles des séries de termes tels que : 1^3, 1^2 1^1. Mais, les positions du système binaire étant au contraire des positions relatives ou *sexuelles* à double fonction inverse et même souvent simplement facultative, elles donnent des groupes secondaires complexes, tels que : $\left\{\begin{matrix}1^2\\1^1\end{matrix}\right.$, $\left\{\begin{matrix}1^1\\1^2\end{matrix}\right.$, dont les caractères intrinsèques ont toujours besoin d'être disjoints pour devenir explicites et montrer à nu la qualité, la forme ou la grandeur respective des êtres considérés. Cela dit, nous pouvons rentrer dans notre sujet et reprendre le développement de nos idées.

Formulant en général le *schème* des Règnes naturels, nous l'avons reconnu comprendre essentiellement : d'abord, une première position unique appelée *Fin* ; puis deux positions formelles secondaires appelées *Moyens* ; enfin trois positions actuelles dernières désignées par le nom d'*Appareils*. Et ce schème a dû se répéter deux fois, à savoir : une première fois pour le Règne végétal, et une seconde fois pour le Règne animal (en ne tenant point compte alors du Règne cristallin, où sans doute il intervient aussi, mais comme imaginaire seulement). Donc, ici, puisque, par l'exclusion de ce dernier Règne et de toute division analogue, nous passons du système *ternaire* au *binaire*, nous passons ou tendons à passer constamment de l'ordre divin à l'ordre angélique, ou bien nous sortons du divin, nous descendons à l'angélique ; nous délaissons le terrain des personnalités ou des puissances absolues, et nous nous plaçons sur celui des sexualités ou des simples puissances relatives, dont le rôle est toujours un peu flottant par leur fonctionnement alternatif. Néanmoins, le système *ternaire* ne nous fait point pour cela complétement défaut; mais n'intervenant qu'imaginairement ou pour le règlement des divisions, il ne décide ou préjuge rien sur la constitution ni la grandeur *physiques* des termes subordonnés binaires ou unitaires. Donc cette constitution et cette grandeur restent indéterminées.

Comparant maintenant avec cette théorie la doctrine des axes, nous trouvons en cette dernière justement la même chose, à savoir : *trois* axes d'élasticité, *deux* axes optiques, et toute sorte d'axes *singuliers*, soit *de réfraction conique interne* distincts de position sinon de qualité, soit *de réfraction conique externe* distincts de qualité sinon de position. Pour nous, les axes singuliers de réfraction conique interne sont l'emblème des anges, et les axes singuliers de réfraction conique externe sont la figure des hommes. Nous aurons lieu de revenir plus tard sur cette corrélation d'emblèmes et de réalités; mais actuellement nous avons surtout intérêt à signaler le fonctionnement particulier de ces axes figuratifs eux-mêmes, et nous rappellerons pour cela que les axes de réfraction conique interne sont les *génératrices* des cônes des sections circulaires, normales aux plans tangents singuliers, et que les axes de réfraction conique externe en sont les *axes* proprement dits, indéfiniment multipliés sur place, comme nous l'avons dit en son lieu (§ 4). Ainsi, nous pouvons dès ce moment comprendre pourquoi nous ne pouvions nous empêcher tout à l'heure d'en venir, par la cessation de l'exclusif emploi du système ternaire, à l'emploi simplement *formel* des trois systèmes ternaire, binaire et unitaire réunis: nous en venions là, parce que, sans nous en douter, nous nous placions hors du divin et dans le cadre mondain des *axes* cristallographiques formellement réalisés, mais bien moins réels qu'imaginaires (§ 8).

15. Dans le paragraphe précédent, nous nous sommes à dessein tenu sur le terrain des généralités ; mais, les généralités une fois exposées, nous pouvons en sortir sans inconvénient et passer aux applications. Déjà, nous avons donné l'idée de ces applications en spécifiant les *appareils* des deux Vies *organique* et *relative*, et désignant, par exemple, à titre d'appareils de nutrition, les *prenants*, et parmi les *prenants* ceux qu'on appelle *stomates*, et qui peuvent d'ailleurs servir ici de types pour tous autres analogues. Eh bien ! sur tous ces appareils, il y a lieu de répéter les mêmes observations, et nous pouvons dire en conséquence que, imaginairement ou potentiellement, chaque appareil est triple ; que, relativement ou secondairement, il est double ; mais que, élémentairement ou de fait, il est toujours un ou singulier. Et voici maintenant l'interprétation de toutes ces propositions par application aux objets de l'Histoire naturelle.

Le système général des *stomates*, imaginairement ou potentiellement *triple* (puisqu'il y a *trois* manières de prendre : la *vive force*, l'*adresse* et le *fait* en cas d'acceptation pure), correspond à la triple division idéale (et par là même implicitement divine) des végétaux en *poly-cotylédones*, *di-cotylédones* et *mono-cotylédones*; car, au point de vue théorique, les cotylédones ne sont pas autre chose que les bouches de l'alimentation végétale. Comme relativement ou qualitativement *double*, le système tendantiel des *stomates* correspond à la double division formelle des végétaux en sexes distincts avec stomates particuliers, alors réduits aux deux fonctions inverses *émissive* et *réceptive*. Enfin, comme de fait ou réellement *singulier*, tout système donné de *stomates* est et doit être évidemment *individuel*. Mais, évidemment encore, ce dernier terme de division une fois atteint, il n'y a plus moyen de pousser plus avant la série de ces considérations rationnelles, puisque sur le terrain des faits tout devient arbitraire ou contingent, et ne donne ainsi plus de prise à la raison pour échoir à la seule observation directe. Donc la section des stomates finit nécessairement au moment où nous atteignons en elles au simple fait individuel.

Ce que nous venons de dire au sujet des stomates, nous pourrions maintenant le dire au sujet de tous les autres appareils des deux Vies *organique* et *relative*. Cet exemple une fois donné peut donc suffire pour nous orienter sur tous les chefs des deux nomenclatures *végétale* et *animale*. Et, reprenant alors la question générale, un moment délaissée pour les applications, nous nous demanderons si par hasard on pourrait hésiter désormais en Botanique entre les deux méthodes *naturelle* de De Jussieu ou *sexuelle* de Linné. Sans doute, le lecteur a déjà répondu pour nous à cette question et donné l'avantage à la méthode *naturelle*, car, en tout et partout, le système ternaire est le système dominant. Mais, comme il n'est pas exclusif, le système binaire intervient à son tour et en sous-ordre, sinon pour constituer la nomenclature, au moins pour en continuer et lier la classification du sommet à la base ou des genres aux individualités.

Voici le schème entier des deux Règnes végétal et animal, conforme à nos principes :

A	B	C	D	E	F	G	H	I
					Prenants.	Actifs. Passifs. Moyens.	Sujet. Objet.	Individualité.
				Nutrition.	Sélectifs.			
		Poly-cotylédones.			Ordonnateurs.			
	RÈGNE VÉGÉTAL.	Di-cotylédones.	FIN. ACCROISSEMENT. MOYENS.		Collecteurs.			
				Reproduction.	Transmetteurs.			
		Mono-cotylédones.			Éducateurs.			
RÈGNE CRISTALLIN. { Réel. Imaginaire. }								
		Vertébrés.			Rameurs.			
		{ Articulés. Mollusques. }		Mobilisation.	Volants.			
	RÈGNE ANIMAL.		FIN. OSCILLATION. MOYENS.		Rampants.			
		Rayonnés.			Sensoriels.			
				Spontanéité.	Réflecteurs.			
		Animalcules.			Rotateurs.			

En lisant ce tableau, l'on voudra bien se rappeler que nous partons, en Histoire naturelle, du Règne cristallin, non comme le plus développé, mais comme le plus parfait en puissance : c'est pourquoi deux grands Règnes sont encore possibles après lui ; mais que, de ces deux Règnes encore possibles, le premier en acte comme en puissance est le Règne végétal : c'est pourquoi le Règne animal reste encore possible. Allant alors du Règne cristallin au végétal, on envisage d'abord ce dernier dans ses quatre grands embranchements par rapport au monde extérieur ; mais par rapport au monde intérieur ou *virtuel*, il n'en renferme plus que trois, à savoir : les trois conformes aux symboles 1^3, 1^2, 1^1. Mais encore, au point de vue de la *forme*, ces trois embranchements ne se prêtent plus indistinctement qu'au mode de division binaire, qu'on peut voir rangé sous la rubrique de la *Fin*. Cela ne les empêche point de se relever, en quelque sorte, aussitôt par rapport au dehors : c'est pourquoi nous repassons immédiatement, du système binaire des *moyens*, au système ternaire des *appareils*, dont chaque espèce, s'appropriant de nouveau subitement le rôle de genre, est d'abord triple ou ternaire, pour se prêter ensuite au binaire, et retomber finalement dans l'individualité, terme de toute analyse. Supputant alors les individualités résiduelles, nous trouvons qu'elles se réduisent à douze, et dans ces douze individualités nous pouvons concevoir résumés en douze chefs principaux tous les caractères imaginairement contenus d'abord en l'Activité radicale au début de toutes ses évolutions ou révolutions.

Est-ce que, maintenant, nous serions téméraire d'avancer que, si l'on connaissait assez bien l'anatomie comparée, tant végétale qu'animale, pour pouvoir assigner chez les Êtres organisés toutes leurs manières possibles de différer par les caractères rangés sous la série F (série rationnellement irréductible et complète à la fois), on serait par là même en mesure d'en formuler la nomenclature définitive ? Certainement non. Car, puisque tous les êtres différents les uns des autres ne diffèrent que par ces caractères, il est bien incontestable qu'en connaître tous les modes spéciaux ou particuliers, ce serait avoir en main un nombre fini et même relativement assez restreint de termes dont la combinaison ou les groupements hétérogènes ne dépasseraient point les forces de l'imagination ou de la mémoire humaine. Une nomenclature parfaite suivant notre schème est donc possible; et par conséquent ce schème est un schème implicitement achevé, dans lequel les places vides indiquent les seules observations *usuelles* à faire pour amener tous les êtres de la Nature, *organiquement* envisagés, à correspondre aux trois aspects habituels (formels ou réels, peu importe) de la *vie de relation* par *genres*, *espèces* et *individualités*.

16. Ce schème offrirait matière à beaucoup de réflexions ; nous nous bornerons à consigner ici les suivantes :

Signalons, en premier lieu, la manière dont les *termes* de notre nomenclature générale concourent à former les différents Règnes. Prend-on, d'abord, ces termes absolument ou bien sans distinguer entre *imaginaire* et *réel*, *positif* et *négatif*, *rationnel* et *irrationnel* : ils entrent *à la fois* dans tous les Règnes, qui n'en sont alors qu'*Un* en *trois* exemplaires : le cristallin, le végétal et l'animal. Les prend-on, au contraire, dans leur sens relatif, ou bien distingue-t-on entre leurs différentes positions *imaginaire* ou *réelle*, etc.; dès ce moment, ils n'entrent plus dans tous les Règnes; ainsi, les caractères des Règnes animal et végétal manquent tout à fait dans le cristallin, et les caractères du Règne animal ne sont plus ceux du végétal, comme ceux du végétal ne sont point encore ceux de l'animal. En outre, dans chaque Règne, tous les êtres dont il se compose, n'en offrent point généralement tous les caractères particuliers réunis; et par suite ils diffèrent les uns des autres, non par la permutation des caractères, mais par leur alternation ou substitution fréquente, à l'instar des combinaisons algébriques, toujours différenciées par l'absence ou la variation de quelque lettre. C'est ainsi, par exemple, que les organes de la reproduction font défaut chez les végétaux cryptogames, et que les appareils de la locomotion n'existent point chez tous les animaux acéphales. Sous ce rapport, on ne voit jamais, en quelque sorte, qu'une fraction des êtres individuels ; car la plus grande partie de leur essence intelligible reste plongée dans l'*imaginaire*, et, par leur rare partie *réelle* émergente de ce néant apparent, ils ressemblent assez bien aux plantes se rattachant à peine au sol par quelques racines ou radicules bizarrement étalées çà et là.

Nous trouvons un exemple remarquable de ce bizarre éparpillement des caractères sous une même rubrique, dans la division, fort bien construite d'ailleurs, des animaux de l'embranchement des vertébrés en quatre classes, qui sont celles : 1° des *mammifères*, 2° des *oiseaux*, 3° des *reptiles*, 4° des *poissons*. Jusqu'ici, personne ne nous paraît avoir remarqué l'étrange accouplement de caractères effectué dans cette division ; mais notre schème va le rendre manifeste. Il est d'abord bien évident que les oiseaux, les reptiles et les poissons suffisent seuls à remplir le cadre d'une division complète, à savoir : celle constituée par l'ensemble ternaire des appareils de la mobilisation : *ailes*, *pieds* et *nageoires* ; et, par l'appropriation de l'un ou de l'autre de ces appareils, beaucoup de mammifères trouveraient déjà très-bien à se classer dans l'une ou l'autre de ces trois divisions. Cependant, on ne les y subordonne point, on les y coordonne au contraire. Est-ce donc qu'un mammifère terrestre, tel que le chien, n'est point *reptile* comme le lézard, quand il marche à quatre pattes comme ce dernier ? Est-ce qu'un autre mammifère reconnu, la baleine, n'est point poisson comme la dorade, quand elle fend l'onde avec des nageoires comme elle ? On ne niera point assurément que des animaux ayant les mêmes appareils et faisant les mêmes fonctions ne soient, sous ce rapport au moins, de la même classe. Donc les zoologistes, séparant les mammifères des reptiles ou des poissons, etc., séparent ce que la nature unit, et, par cette contradiction, entachent gravement leur nomenclature d'arbitraire. Et qu'ils ne disent point par hasard, pour la justification de leur procédé, que les caractères restés communs entre des termes de leurs quatre classes de vertébrés ne leur sont point essentiels ou qu'on en peut faire abstraction sans inconvénient; car, dans la définition d'une individualité quelconque, nous ne saurions admettre qu'une détermination prime jamais l'autre, où l'imaginaire à volonté. Les pattes sont aussi nécessaires au chien que les mamelles ; et priver la baleine de ses mamelles ou de ses nageoires, c'est également l'anéantir. Mais, alors, faudra-t-il donc comprendre les reptiles, les poissons…, au nombre des vertébrés à mamelles ? Nullement ; il faudra seulement (chose à laquelle on n'a jamais songé) changer de Règne !… Commençons ici par mettre enfin de côté ce vieux préjugé des Linnéistes disant : *les cristaux croissent ; les végétaux croissent et vivent; les animaux croissent, vivent et sentent* ; car il n'y a pas un mot de vrai dans tout cela. Les cristaux ne croissent pas [1], ils se forment ou sont formés seulement. Les végétaux croissent en apparence ou pour la forme, mais ils ne vivent en aucune manière, parce que la vie réside dans les axes ou l'Intellect (Jean, I, 4) et non dans la matière. Enfin, les animaux ne croissent point comme les végétaux, parce que, croissant comme les végétaux, ils

---

[1] Ils décroîtraient plutôt ; en preuve, la théorie des *décroissements*. Nous regardons le contour cristallin comme toujours *virtuellement* donné d'avance.

resteraient végétaux et ne seraient pas encore animaux ; et leur vie, même apparente, ne pouvant ainsi consister dans l'accroissement, on ne saurait dire qu'ils vivent et sentent comme si ces deux choses pouvaient aller l'une sans l'autre, mais seulement qu'ils vivent comme locomobiles et locomoteurs. Soyons donc attentifs à séparer ici soigneusement ce qui diffère essentiellement. Aux végétaux, l'accroissement et la reproduction ; aux animaux, la mobilisation et la spontanéité. L'animal qui, par hypothèse, croît et reproduit, ne croit ni ne reproduit comme animal, mais comme végétal, parce qu'il implique en lui la vie végétative ; mais, parce qu'il l'implique, il ne l'exerce point. La vie végétative est indépendante de l'animalité. La preuve en est claire : elle prospère admirablement dans le sommeil de l'animalité, dont le fonctionnement l'entrave plus qu'il ne la favorise. Or à quelle vie rapporterons-nous l'appareil mamellaire ? Il est évident, par notre schème, qu'il se classe, comme troisième, au nombre des appareils de *reproduction*, à titre de complémentaire ou de supplémentaire à l'appareil générateur. Comprendre donc les mammifères dans la même section que les reptiles, ou les poissons, ou les oiseaux, c'est relier des choses radicalement disparates, et commettre absolument la même bévue qu'on commettrait en associant ensemble *animal* et *végétal*. Ainsi, la nomenclature animale communément admise est tout artificielle, et n'a de valeur qu'au point de vue logique, par suite de l'adoption de l'organisme particulier vertébral au nombre des vérités rationnelles. Mais un fait ne sera jamais qu'un fait ; la vraie raison se distingue des faits proprement dits, ou bien consiste en faits spirituels sans autre forme que celle des degrés de la puissance, à l'instar des grandeurs mathématiques.

17. Dans ce que nous venons de dire, il reste une question à vider : c'est de savoir comment les deux vies *organique* et *relative* peuvent fonctionner à la fois ou l'une dans l'autre sans se troubler par leur mélange. Nous résolvons cette difficulté par le principe de la superposition des vitesses propres aux trois axes d'*élasticité*, ce qui nous amène alors à re-

chercher le rapport qui peut exister entre les organismes animaux ou végétaux et les axes *en général*.

Certainement, dans les végétaux et les animaux, comme dans les cristaux, les axes d'élasticité sont partout, puisqu'ils y sont de simples directions partout actives en longueur, largeur et hauteur; mais, malgré cela, l'on ne conçoit pas de prime abord aussi bien comment la même extension peut convenir en outre aux *axes de réfraction conique interne* ou *externe*. Cependant, il en est bien de ces derniers comme des précédents. Car, dès que le système des précédents est universel chez un Être, le système des derniers y doit jouir de la même universalité, puisqu'il en dérive naturellement. Comment un centre d'ellipsoïde à trois axes inégaux rectangulaires pourrait-il être universel, sans impliquer universellement aussi les deux sections circulaires s'y rattachant de droit, et dont nous avons appris que les axes de réfraction conique *interne* sont comme les rayons, et les axes de réfraction conique *externe* comme des axes de figure? A tout corps, son ombre; à tout principe, sa conséquence. De même alors que, en tout corps organisé, le centre des trois plans horizontal, équatorial et vertical est partout, le centre (coexistant au précédent) des deux sections circulaires obliques est encore partout ; et, comme les axes de réfraction conique *interne* et de réfraction conique *externe* sont inséparables de la conception des mêmes sections circulaires s'interceptant avec les surfaces elliptique et circulaire de l'ellipsoïde lumineux, ces axes *spéciaux* sont partout encore. La différence entre ces axes *spéciaux* et les axes *généraux* d'élasticité ne se tire point de leur plus ou moins grande étendue de présence, mais de leur plus ou moins grande extension et perfection d'activité, les axes d'*élasticité* formant toujours entre eux des angles droits essentiellement compatibles avec leur absolue liberté radicale, tandis que les axes de réfraction conique *interne* ou de réfraction conique *externe*, n'intervenant qu'en sous-ordre, ont toujours le désavantage d'une direction oblique et de points de vue partiels ou restrictifs.

18. Nous avons déjà dit (§ 14) que nous voyions dans les axes de réfraction conique *interne* une image du monde angélique, et dans les axes de réfraction conique *externe* une image du monde humain. Nous allons maintenant nous expliquer sur cette intéressante question.

Commençons par nous faire une idée claire du monde angélique. Ce monde, évidemment subordonné au monde divin universel, en diffère moins toutefois (chose essentielle à rappeler) par cette restriction négative qui consisterait à n'*être* pas partout, que par cette restriction positive qui consiste à n'*agir* point partout, à la manière dont nous concevions naguère les forces appliquées suivant les axes de réfraction conique *interne* ou *externe*, objectivement moins puissants (pour application angulaire oblique) que les forces appliquées pleinement en exercice rectangulaire suivant les axes d'*élasticité*. De fait, le monde réel extérieur, même divin, étant fini, le monde angélique peut avoir la même étendue physique; il est donc largement répandu dans l'espace, et nous pouvons rationnellement nous en représenter les êtres constitutifs dispersés dans le firmament à la manière des astres, mais pourtant aussi toujours ralliés au moins imaginairement les uns aux autres à la manière de soleils réunis démocratiquement sans centre réel et principal. Subsistant ainsi *réellement* dispersés et *formellement* unis seulement par hypothèse, ils ressemblent naturellement, étant actifs, à des vitesses angulaires tournant dans des cercles méridiens éloignés par n'importe quels degrés les uns des autres le long de l'équateur céleste, et pourtant ne manquant jamais de revenir se confondre ensemble dans l'axe de la grande sphère, d'où, radicalement issus, ils ressortent encore incessamment. La portion réelle apparente de ces êtres angéliques est donc objectivement *circulaire*, mais leur portion réelle obscure (et par là même imaginaire) est *axiale*. Or tels sont les quadrants de leurs cercles respectifs, telles sont les cordes des mêmes quadrants compris entre l'équateur et le pôle. D'ailleurs, l'ensemble des mêmes cordes dessine un cône; et ce cône considéré comme un ensemble de rayons émanant du pôle radieux, divin, répond justement au cas de réfraction conique *interne*. Donc le monde angélique est parfaitement représenté par ce premier genre de manifestation lumineuse.

Dans ce que nous venons de dire, ce qui fait la force de notre raisonnement ou justifie le parallèle, c'est l'identification des axes de réfraction conique *interne* aux génératrices des cônes lumineux convenablement déterminés. Conservons cette même idée de cônes; mais, au lieu de porter notre attention sur les génératrices requises de ces cônes — imitation ou figure de rayons divergents assimilables aux cordes de grands arcs sphériques — portons-la sur les axes physiques mêmes de ces cônes, et concevons alors que, arrivant de divers côtés à l'embouchure de ces axes, une foule de rayons convergents se précipite *par réfraction* dans leur direction commune à tous: nous nous trouverons cette fois dans un cas justement inverse au précédent angélique; car naguère nous supposions les vitesses angulaires sortant de l'axe pour se répandre circulairement à l'entour, quand actuellement nous les supposons au contraire cessant de circuler à l'entour pour rentrer dans l'axe et se mouvoir rectilignement superposées en lui jusqu'à l'autre bout.

Il y a donc cette différence entre les Êtres angéliques et les Êtres humains, que les premiers ont leur existence *réelle* objectivement séparée dans l'espace par de plus ou moins grandes distances comparables aux distances des astres, et que les derniers ont leurs existences *réelles* quasi confondues entre elles en terre, comme des eaux condamnées à couler dans un même lit pendant un temps déterminé. Mais tel est précisément le cas en réfraction conique *externe*. Donc ce dernier cas est, par lui-même, une exacte représentation du monde humain.

Avant même que nous le disions, le lecteur a sans doute compris où cela tend, et reconnu dans ce qui précède les moyens de raccorder ensemble les deux sortes d'existences *angélique* et *humaine*. Car ces deux Existences *réelles* étant — comme les axes opposés de réfraction conique *interne* et de réfraction conique *externe* — respectivement rejetées, l'une en dehors, l'autre en dedans, doivent, en raison de la tendance générale du Sens radical à changer toujours les faits anciens en faits nouveaux, viser, chacune, à l'état réel de l'autre. Ainsi, l'Existence angélique, diffuse et circulaire, doit incessamment viser à l'état unitaire humain comme à son étoile polaire ou pôle; et, de son côté, l'Existence humaine, concrète et linéaire, doit de même viser toujours au jeu libre et dispersé des mouvements circulaires angéliques. Admettons, alors, que ces deux Existences visent juste à la fois et qu'elles aboutissent même à leurs fins respectives : dès cet instant, l'ange enfile, pour ainsi dire, l'axe central humain et devient un, sans cesser d'être double ou multiple ; et pareillement l'homme, s'immisçant aux voies excentriques de l'ange, devient double ou multiple sans cesser d'être un. Il s'opère donc, par ce moyen, une entière communication ou superposition de ces deux sortes d'Existences radicalement opposées; et, de l'équilibre statique et dynamique de leurs activités, résulte enfin l'harmonie perpétuelle du monde et la manifestation du Règne de Dieu.

FIN.

TABLE DES MATIÈRES

	§§
Avant-Propos....................................	
Introduction...................................	1
Exposition de la théorie vulgaire des axes; leur énumération et définition............	2
Défauts de cette théorie......................	5
La même théorie réformée et généralisée....	7
Coup d'œil général sur l'Histoire naturelle; rôle capital des axes d'accroissement et de révolution.................................	11
Deux sens; deux vies; deux forces..........	12
Deux fins; quatre moyens; douze appareils..	13
Enchevêtrement entier ou partiel, occulte ou manifeste, des vies et des appareils; préparation et construction d'un schème naturel d'Histoire naturelle suivant le schème des axes.......................................	14
Application du schème; nomenclature rationnelle universelle........................	15
Tous êtres physiques incomplets; une critique incidente de la classification zoologique....	16
Signification générale des axes d'élasticité et des axes de réfraction conique interne ou externe...................................	17
Signification spéciale des axes de réfraction conique interne et externe................	18

FIN DE LA TABLE.